Pferderassen

KHP

Pferderassen

Tam Pickeral

Übersetzt aus dem Englischen von Wiebke Krabbe
Fachlektorat: Iris Bader

Die englische Ausgabe herausgegeben von

studio cactus

13 SOUTHGATE STREET WINCHESTER HAMPSHIRE SO23 9DZ
TEL 01962 878600 FAX 01962 859278
E-MAIL MAIL@STUDIOCACTUS.CO.UK WEBSITE WWW.STUDIOCACTUS.CO.UK

ISBN3-8212-3014-2
Verantwortlich für diese Ausgabe:
XENOS Verlagsgesellschaft mbH
Am Hehsel 40, 22339 Hamburg
Übersetzung aus dem Englischen: Wiebke Krabbe
Fachlektorat: Iris Bader
Satz: Olaf Hille

Printed in Italy

Inhalt

Evolution

Die Geschichte des Pferdes beginnt vor etwa 60 Millionen Jahren in Nordamerika. Damals lebte in den Wäldern ein kleines Tier namens Eohippus, das „Pferd der Morgenröte". Als sich das Klima auf der Erde veränderte und die riesigen Wälder Nordamerikas schrumpften, passte sich Eohippus den Veränderungen an. Ganz allmählich entwickelte sich Equus caballus, das moderne Pferd, das vor etwa zwei Millionen Jahren auf der Erde lebte. Anfangs gab es vier Typen des Equus caballus: das Waldpferd, das Asiatische Wildpferd, den Tarpan und das Tundra-Pferd.

Pferde sind Huftiere, die Gräser und andere Pflanzen fressen. Zur gleichen Gruppe gehören auch Tapire und Nashörner, die mit den Pferden entfernt verwandt sind.

◀ Eohippus

Das Eohippus sah nicht aus wie ein modernes Pferd. In Wyoming in den USA hat man Fossilien dieses „Pferdes der Morgenröte" gefunden, das nur 25 cm groß war. Es hatte einen krummen Rücken und kleine, vierhöckrige Backenzähne, mit denen es Blätter und Früchte kaute. Es hatte vier Zehen an den Vorderfüßen und drei an den hinteren. Wahrscheinlich hatte es ein geschecktes Fell, das ihm im Wald gute Tarnung gab.

▼ Merychippus

Vor etwa 40 Millionen Jahren entwickelte sich aus dem Eohippus sein Nachkomme Mesohippus; es war viel größer, hatte an Vorder- und Hinterfüßen nur drei Zehen und schärfere Zähne, um das zähe Gras der Steppe zu zerkleinern. Sein Rücken war gerader als der des Eohippus. Vor etwa 20 Millionen Jahren tauchte der erste Vorfahr der heutigen Pferde auf: Merychippus. Er war etwa einen Meter groß und hatte noch drei Zehen an jedem Fuß, von denen sich aber die mittlere langsam zurückbildete. Merychippus war schnell und konnte Raubtieren leicht entkommen.

Das Pferd entwickelte ein scharfes Gehör und gute Augen, um Gefahren früh zu erkennen. Die Augen rückten weiter auseinander, auf einen Blickwinkel von etwa 215°!

▲ Pliohippus

Pliohippus lebte vor etwa sieben Millionen Jahren und war der erste Pferdevorfahr mit Hufen. Aus ihm entwickelte sich vor etwa zwei Millionen Jahren Equus, das moderne Pferd. Damals entstand auch ein neues „Superraubtier": Homo sapiens (richtig, das ist der Mensch!). Das frühe Equus caballus war nur etwa 110 cm groß und wahrscheinlich viel plumper als die heutigen Pferde und Ponys. Aus diesem ersten Pferd entwickelten sich allmählich vier Hauptrassen, die ihren speziellen Lebensräumen gut angepasst waren.

Landbrücken

Vor Millionen von Jahren, als die ersten Pferdevorfahren lebten, waren Amerika, Asien und Europa noch mit schmalen Landstreifen verbunden, die man Landbrücken nennt. Einige Pferde überquerten diese Brücken und gelangten so nach Asien, Europa und in den Mittleren Osten. Einige wanderten sogar bis nach Afrika, wo sie sich zu Zebras und Eseln weiterentwickelten. Es ist ein Glück, dass die ersten Pferde wanderten, denn vor etwa 10 000 Jahren starben sie in Nord- und Südamerika aus – und niemand kennt den Grund dafür. Vielleicht hat sich das Klima verändert, vielleicht wurden sie auch zu stark von den frühen Menschen gejagt. Erst die spanischen Eroberer brachten im 16. Jahrhundert wieder Pferde nach Amerika, von denen einige ausrissen und verwilderten. Diese nennt man Mustangs.

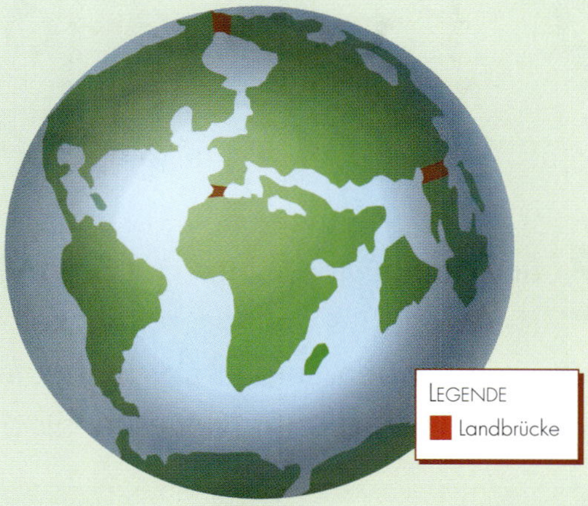

Frühere Landbrücken

◀ Tundra-Pferd

Das Tundra-Pferd lebte im eisigen Nordosten Sibiriens. Heute ist es ausgestorben. Es hatte ein dickes, hellgraues Fell, das es wärmte und ihm im Schnee Tarnung gab.

Asiatisches Wildpferd ▶

Das Asiatische Wildpferd oder Przewalski-Pferd entwickelte sich auf den weiten Steppen Asiens. Wie der Tarpan hat es ein graubraunes Fell und im Verhältnis zum Körper einen großen Kopf. Es ist das einzige echte Wildpferd, das noch heute lebt.

▼ Waldpferd

Das ausgestorbene Waldpferd war etwa 1,5 Meter groß und recht stämmig. Es lebte in den sumpfigen Wäldern Nordeuropas. Es hatte ein dickes, zottiges Fell mit einer langen Mähne. Mit seinen breiten Hufen kam es auf dem feuchten Boden gut voran. Es ist der Vorfahr der heutigen, schweren Pferderassen.

Tarpan ▶

Der Tarpan ist ausgestorben. Früher lebte er in ganz Osteuropa. Das kleine, leichte Pony hatte ein graubraunes Fell und Streifen an den Beinen. Es ist ein wichtiger Vorfahr der leichten Pferderassen.

Obwohl der Tarpan um 1880 ausstarb, haben Forscher eine „moderne" Form gezüchtet, von der nun eine kleine Herde existiert.

Pferd oder kein Pferd?

Zur Familie der Equus gehören vier Arten: Pferde, die sich in Asien und Europa entwickelt haben, Esel, die in Nordafrika entstanden sind, Zebras, heute in Südafrika heimisch, sowie Onager, die im Mittleren Osten zu Hause sind.

Maulesel

Ein Maulesel ist eine Kreuzung aus einem männlichen Pferd und einem weiblichen Esel. Er hat den Vorderkörper eines Pferdes und den Hinterkörper eines Esels. Diese Tiere sind schwierig zu züchten und darum nicht sehr verbreitet.

◀ Wildesel

Der Afrikanische Wildesel, der Vorfahr des heutigen Esels, ist vom Aussterben bedroht. Nur noch wenige Tiere leben auf den trockenen Steppen Somalias und Äthiopiens. Wie einige Wildpferde haben auch Wildesel „Zebrastreifen" an den Beinen. Asiatische Wildesel, die man auch Onager und Kiangs nennt, leben in der Mongolei, in Tibet und in anderen Regionen Asiens. Verglichen mit anderen Wildeseln haben Onager im Verhältnis zum Körper viel längere Beinknochen.

▼ Zebra

Zebras sind eng mit Pferden verwandt, bilden aber eine eigene Art. Genau genommen gibt es drei Zebra-Arten sowie einige Unterarten. Alle haben typische Streifenmuster. Man nimmt an, dass die Streifen der Tarnung dienen und dass auch viele frühe Wildpferde ein gestreiftes Fell hatten, allerdings in matteren Farben als das Zebra.

Zorses haben ein Zebra als Vater und ein Pferd als Mutter. Sie sehen pferdeähnlich aus, haben aber Zebrastreifen. Man kann sie zwar zu Reittieren ausbilden, aber sie sind viel nervöser als Pferde.

Esel ▶

Der gezähmte Esel ist ein Nachkomme der nordafrikanischen Wildesel, lebt heute aber überall auf der Welt. In manchen Ländern werden Esel zum Pflügen, Tragen von Lasten, als Zug- oder Reittiere benutzt. Es sind zähe Tiere, die ihre geringe Größe durch ihren lauten Schrei ausgleichen. Im Gegensatz zu Pferden haben Esel keine Kastanien an den Hinterbeinen, ihre Ohren sind auffallend groß und der Widerrist ist oft niedriger als die Kruppe. Pferde haben eine Tragzeit von elf Monaten, eine Eselschwangerschaft dauert einen Monat länger. Vielleicht wachsen in diesem Extramonat die Ohren!

Wie bei Pferden nennt man auch bei Eseln das männliche Tier Hengst und das weibliche Stute.

Zonkeys oder Zeedonks sind eine Kreuzung aus einem männlichen Zebra und einem weiblichen Esel. Sie werden in den USA gezüchtet – wo sonst?

Riesenmaultier

Wie der Name verrät, sind diese Tiere groß, manche bis zu 165 cm. Sie werden in den USA gezüchtet und sind erstaunlich vielseitig. In manchen Reitschulen werden sie sogar zum Dressurtraining eingesetzt..

◀ Maultiere

Maultiere sind eine Kreuzung zwischen einem männlichen Esel und einem weiblichen Pferd. Sie sind größer als Esel und werden als Reit-, Zug- und Lasttiere verwendet. In den USA sind sie zum klassischen Reiten und zum Westernreiten sehr beliebt. Maultiere haben den Vorderkörper eines Esels und den Hinterkörper eines Pferdes.

Wilde Pferde

Wusstest du, dass die meisten Wildpferde genau genommen halbwild oder verwildert sind? Es gibt heute nur noch eine echte Wildpferd-Art, das Przewalski-Pferd. Auch diese Art war vom Aussterben bedroht, konnte aber durch menschliches Eingreifen gerettet werden. Dabei wurde das Aussterben der Wildpferde vor allem durch das Wachstum der menschlichen Bevölkerung verursacht! Das Przewalski-Pferd ist die älteste lebende Pferderasse. Verwilderte Pferde sind Tiere, die einmal als Haustiere gehalten wurden, ausgerissen sind oder freigelassen wurden und sich zu Herden zusammengeschlossen haben. Zu den bekanntesten gehören der amerikanische Mustang und das australische Brumby. Sie sind bedroht, weil die Menschen immer mehr Weideflächen vernichten. Da sie mit Schaf- und Rinderherden um das Weideland konkurrieren, sind sie bei Landwirten nicht sonderlich beliebt.

Artenschutz

Im 20. Jahrhundert wurden Mustangs systematisch getötet, um das Land für Viehherden zu nutzen, die zur Ernährung von Menschen und zur Herstellung von Haustier-Futter gehalten wurden. Dadurch waren die Mustangs vom Aussterben bedroht. Inzwischen wurden sie von der amerikanischen Regierung unter Naturschutz gestellt. Ihre Bestände werden von verschiedenen Gesellschaften geschützt und überwacht.

▲ Eriskay-Pony

In Großbritannien gibt es neun verwilderte oder halbwilde Ponyrassen, die wichtigen Einfluss auf die Entwicklung anderer leichter Pferderassen hatten. Das Eriskay-Pony ist eine besonders robuste Rasse, die auf der Insel Eriskay vor der schottischen Küste heimisch ist. Andere britische Pony-Rassen sind das Exmoor-, das Dartmoor-, das New-Forest-, das Connemara-, das Fell-, das Dales-, das Shetland- und das Welsh-Pony.

▼ Mustang

Der Mustang hat sich aus den andalusischen Pferden entwickelt, die im 16. Jahrhundert mit den spanischen Eroberern nach Amerika gelangten. Manche dieser Pferde rissen aus und schlossen sich in der Wildnis zu Herden zusammen. Sie vermehrten sich schnell, und zu Anfang des 20. Jahrhunderts gab es etwa 1,5 Millionen verwilderter Mustangs.

Das Brumby-Pferd ist vermutlich nach dem Soldaten und Hufschmied James Brumby benannt, der 1791 nach Australien segelte. 1804 siedelte er nach Tasmanien über und ließ seine Pferde zurück. Wenn die Leute fragten: „Was für Pferde sind das?", antworteten seine ehemaligen Nachbarn: „Das sind Brumbys."

Was ist eine Rasse?

Als Rasse bezeichnet man eine Gruppe von Tieren, die typische, gemeinsame Merkmale haben. Eine Rasse ist eine riesige Familie, und einige Rassen haben sogar einen Stammbaum. Ehe Pferde gezähmt wurden, entwickelten sich Rassen durch natürliche Auslese, indem nur Tiere mit besonderen, den Lebensumständen angepassten Merkmalen überlebten. Seit Pferde als Haustiere gehalten werden, züchtet man Rassen für verschiedene Aufgaben. Heute gibt es viele verschiedene Rassen. Manche davon, etwa die Araber und Andalusier, gibt es schon seit Jahrhunderten. Andere Rassen, wie das Rocky Mountain Horse, sind noch recht jung. Je nach Abstammung und Temperament unterteilt man Rassen in Warmblüter, Vollblüter und Kaltblüter.

Vollblüter ▶

Vollblüter sind Rassen, die ursprünglich aus heißen, trockenen Wüstenländern stammen. Diese Pferde sind ausdauernd, feinknochig und haben ein dünnes Fell. Araber und Englisches Vollblut sind Beispiele für Vollblüter.

Zuchtbücher

Zuchtgesellschaften sollen Qualität und Fortbestand bestimmter Rassen sichern und auch den Standard der registrierten Pferde laufend verbessern. Die „Oldenburger Pferdezüchtergesellschaft" beispielsweise hat durch sorgfältige Auswahl der Zuchtpferde dafür gesorgt, dass die Oldenburger heute zu den besten Wettkampfpferden der Welt gehören. Diese Gesellschaften führen ein Zuchtbuch, in das registrierte Pferde eingetragen werden, was zur Pflege der Rasse wichtig ist. In ein offenes Zuchtbuch darf nach verschiedenen Prüfungen und Untersuchungen auch ein Pferd aufgenommen werden, dessen Eltern nicht registriert sind. In ein geschlossenes Zuchtbuch werden nur Pferde aufgenommen, deren beide Eltern registriert sind. Dadurch bleibt die Rasse sehr rein und ihre Merkmale verändern sich kaum. Das Englische Vollblut hat ein geschlossenes Zuchtbuch.

ENGLISCHES VOLLBLUT

▼ Warmblüter

Warmblüter sind durch Kreuzung von Vollblütern und Kaltblütern entstanden. Die meisten modernen Sportpferde gehören in diese Gruppe, etwa die Hannoveraner und Oldenburger.

Kaltblüter ▶

Diese Gruppe stammt ursprünglich aus dem kalten, feuchten Klima Nordeuropas. Die großen, schweren Pferde haben oft breite, wuchtig-runde Füße. Sie sind langsam und haben ein ruhiges Temperament. Typische Kaltblüter sind Shire, Clydesdale und Percheron.

Typen und Farben

Pferde werden auch nach Typen gruppiert, etwa Reitpony, Polopony, Fahrpferd, Jagdpferd oder Reitpferd. Dies sind keine speziellen Rassen. Vielmehr haben die Pferde spezielle Merkmale, durch die sie für manche Aufgaben besonders gut geeignet sind.

Fahrpferde ▶

Dies sind echte Arbeitstiere. Sie sind belastbar, stämmig, robust und ungemein sensibel. Das heißt aber nicht, dass sie nicht gut aussehen! Die meisten heutigen Fahrpferde sind Kreuzungen aus schweren Pferden und Vollblütern. Zu den besten sollen die Kreuzungen mit Irish Draught Horses gehören.

In Afghanistan spielt man Buzkashi. Das ist eine grausame Form des Polo, bei der es keine Regeln gibt – außer „hart sein!". Anstelle eines Balls wird eine geköpfte Ziege benutzt. Nichts für schwache Nerven!

Reit-Ponys ▶

Reit-Ponys sind hübsch anzusehen und zeigen bei Turnieren meistens gute Manieren. Es sind Kreuzungen zwischen kleinen Vollblütern oder Arabern und englischen Ponyrassen. Die eleganten, feinknochigen Tiere sind die „Supermodels" unter den Ponys.

Viele Fellfarben

Pferde und Ponys gibt es in allen Formen und Größen. Auch das Fell kann ganz unterschiedlich aussehen. Manche Rassen haben typische Farben: Friesen sind normalerweise schwarz, Lipizzaner grau. Andere Rassen sind immer einfarbig, können aber verschiedene Farben haben, etwa das Quarter Horse. Andere haben ein so auffallendes Fell, dass sie eigens deshalb gezüchtet werden. Dazu gehören das goldbraune Palomino und der gescheckte Pinto, zwei amerikanische Rassen.

Pinto

Palomino

▼ Reitpferde

In diese Gruppe fallen Pferde von edlem Aussehen und eleganter Statur. Sie sind leichter und schmaler als Jagdpferde und haben einen zarteren Knochenbau. Auch die Muskulatur ist zierlicher. Wenn das Reitpony das „Supermodel" unter den Ponys ist, dann kann man das Reitpferd als „Diva der Pferdeszene" bezeichnen. Die meisten Tiere haben einen hohen Anteil von Vollblut-Erbanlagen.

◀ Polo-Ponys

Polo entstand in Indien, wo man es auf den kleinen, zähen einheimischen Rassen, wie dem Marwari, spielt. Heute kann jedes Pony zum Polo eingesetzt werden, wenn es nur schnell, wendig und niedrig ist. Manche Menschen glauben, dass ein gutes Polo-Pony auch „Ballgefühl" hat und dem Ball folgt wie ein Hütepferd einer Kuh. Heute werden in die Zucht von Polo-Ponys jedes Jahr Millionen Euro investiert. Viele Polo-Ponys haben Vollblüter und oft auch Quarter Horses in der Ahnenreihe.

▼ Jagdpferde

Eine weitere Gruppe bilden die Jagdpferde. Darunter fallen alle Rassen und Kreuzungen, die sich als Reittiere für lange Jagdausflüge mit Hunden eignen. Die Pferde müssen schnell, ausdauernd und mutig sein, kräftige Muskeln und einen starken Knochenbau besitzen. Irische Pferde, vor allem Kreuzungen von Irish Draught Horses mit Vollblütern, sind gute Jagdpferde. Sie sind heute eleganter als ihre Vorgänger aus vergangener Zeit.

Spezialisten

Im Laufe der Jahrhunderte wurden Pferderassen für bestimmte Aufgaben gezüchtet. In einigen Entwicklungsländern spielen Pferde noch heute in Landwirtschaft und Industrie eine wichtige Rolle. Man kann Pferde in drei Gruppen aufteilen: schwere Pferde (Zugpferde), leichte Pferde (Sportpferde) und Ponys (Pferde unter 142 cm). Jede Gruppe ist für bestimmte Aufgaben perfekt geeignet – und für andere überhaupt nicht.

Schlachtrösser

Früher brauchten die Ritter starke, schwere Pferde, weil ihre Rüstung für ein zierliches Pferd zu schwer gewesen wäre. Eine Ritterrüstung wog zwischen 20 und 25 Kilogramm. Angeblich konnte König William I. von England in voller Rüstung auf den Pferderücken springen – das wäre allerdings eine sportliche Meisterleistung!

▼ Schön schwer

Ein stattliches, schweres Pferd mit schönem Zaumzeug aus glänzendem Leder und schimmerndem Messing kann sich durchaus sehen lassen.

▼ Pflügen

Schwere Pferde sind ideal, um schwere Wagen oder einen Pflug zu ziehen. Sie werden noch heute in der Forstwirtschaft eingesetzt, um gefällte Baumstämme aus Gebieten zu schleppen, in denen man mit Traktoren oder anderen Fahrzeugen nicht manövrieren kann oder Schäden anrichten würde. Früher setzte man sie auch als Treidelpferde ein, um Boote durch Kanäle oder Busse über Straßen zu ziehen. Heute werden dafür aber meist Maschinen eingesetzt.

Leichte Pferde ▶

Leichte Pferde haben einen kleineren, feineren Knochenbau als schwere Pferde. Bei ihnen zählt vor allem die Sportlichkeit. Man könnte sich nicht vorstellen, dass ein schweres Pferd über eine Rennbahn flitzt und einen Vollblüter abhängt. Schwere Pferde wurden für Muskelarbeit gezüchtet, leichte Pferde für Schnelligkeit, Wendigkeit und Ausdauer. Während schwere Pferde in Landwirtschaft, Transport, Industrie und Militär kaum noch eingesetzt werden, sind leichte Pferde noch immer gefragt. Wir haben mehr Freizeit als früher, und Pferdesport wird immer beliebter. Es gibt heute mehr Freizeitreiter als früher, und Pferderennen und Turniere haben sich zu einem lukrativen Geschäft entwickelt, das viele Besucher anzieht.

◀ Minis

Manche Ponys sind kaum größer als ein Hund. Sie werden hauptsächlich als Haustiere gehalten. Dazu gehören das winzige Falabella und das Amerikanische Miniaturpferd.

Das kleinste Pferd der Welt war ein Zwergpony namens Black Beauty. Bei seiner Geburt im Jahre 1996 war es nur etwa 30 cm groß und wog weniger als 4,5 Kilogramm.

▼ Ponys

Ponys sind vielseitig, man kann sie für fast alle Zwecke einsetzen. Beim Ringreiten und anderen Geschicklichkeitsprüfungen stellen Sie unter Beweis, dass sie gelehrig und beweglich sind. Als Kutsch-Ponys sind das hübsche Welsh Cob und das Fells-Pony beliebt. Das stämmige Norwegische Fjordpferd wurde zum Ziehen von Wagen und zum Tragen von Lasten gezüchtet. Heute sind Ponys vor allem als Reittiere für Kinder beliebt.

Ponys

Die große Zahl der Ponyrassen – vom winzigen Shetland bis zum stämmigen Norwegischen Fjordpferd – beweist, wie vielseitig diese kleinen Pferde sind. Sie sind sehr robust und – gemessen an ihrer Größe – äußerst kräftig. So können sie im Verhältnis zu ihrem Körper sehr schwere Lasten ziehen. Viele Pferdekenner meinen auch, dass Ponys gelehriger sind als Pferde.

Größe: bis 114 cm
Farbe: einfarbig, alle Farben

▲ American Shetland

Das American Shetland ist seinen schottischen Namensvettern nicht ähnlich. Shetland-Ponys wurden nach Amerika importiert und mit Hackneys, kleinen Arabern und Vollblütern gekreuzt. Das Ergebnis ist ein feinknochiges, vielseitiges Turnierpony, das aber noch die Zähigkeit und Ausdauer seines schottischen Verwandten besitzt. Es eignet sich als Reit- und Zugtier und fällt durch sein ungewöhnliches Traben auf.

Größe: unter 91 cm
Farbe: alle Farben

◀ Falabella

Das Falabella ist mit weniger als 91 cm die kleinste Ponyrasse der Welt. Es ist eine junge Rasse, die in Argentinien durch Kreuzungen kleiner Criollos und spanischer Pferde mit Shetland-Ponys entstand. Falabellas werden sehr alt und sind beliebte Haustiere. Sie sind allerdings überzüchtet und deshalb anfällig für Krankheiten.

Shetland-Pony ▶

Shetland-Ponys stammen von den stürmischen Shetland-Inseln vor der schottischen Küste. Die alte Rasse stammt wahrscheinlich von frühen skandinavischen und keltischen Ponys ab, die im 2. und 3. Jahrhundert n. Chr. auf die Inselgruppe gebracht wurden. Gemessen an seiner Größe ist das Shetland-Pony eine der kräftigsten Pferderassen, außerdem ist es sehr ausdauernd und robust. Mit einer Höhe von 40 Zoll (ca. 1 Meter, traditionell misst man Shetland-Ponys mit dem englischen Maß) ist es kaum größer als ein Falabella. „Shetties" sind als erste Reittiere für Kinder beliebt, doch wenn man sie verwöhnt, entwickeln sie manchmal schlechte Manieren.

Größe: bis 42 Zoll/105 cm
Farbe: schwarz, kastanienbraun, braun, grau oder gescheckt

Shetland-Ponys wurden vom 18. bis ins 20. Jahrhundert in unterirdischen Bergwerken eingesetzt. 1913 waren noch 70 000 Bergwerksponys im Einsatz, 1999 wurden die letzten beiden offiziell in den Ruhestand geschickt.

▼ Amerikanisches Pony

Diese junge Rasse entstand in den 1950er Jahren in Iowa. Ihr Stammvater ist der Hengst Black Hand I., Sohn einer Appaloosa-Stute und eines Shetland-Hengstes. Durch Einkreuzen von Pferden mit Araber- und Welsh-Einfluss wurden die typischen Merkmale verfestigt. Es ist ein hübsches, gelehriges und typisch „amerikanisches" Pony. Der Rassestandard schreibt vor, dass das kleine Pony den Körperbau eines Quarter Horses, das Temperament eines Arabers und die Färbung eines Appaloosas haben soll.

Größe: 114–142 cm
Farbe: gescheckt

◀ Dartmoor-Pony

Das Dartmoor-Pony ist eine der ältesten Ponyrassen. Jahrhundertelang lebten Herden halbwilder Dartmoor-Ponys auf den Mooren im englischen Devon, heute werden die meisten jedoch als Haustiere gehalten. Während der Industriellen Revolution litt diese Rasse. Damals wurden die Tiere mit Shetland-Ponys gekreuzt, um Arbeitsponys für die Kohlebergwerke zu züchten. In den 1920er Jahren wurden The Leat, der Sohn des Araberhengstes Dwarka, und das Welsh Mountain Pony Dinarth Spark gekreuzt, um die Qualität der Rasse zu verbessern. Heute gehören Dartmoor-Ponys zu den elegantesten Turnierponys, weil sie sich ausdrucksvoll bewegen und graziös springen können.

Größe: bis 124 cm
Farbe: meist rötlichbraun, schwarz oder braun; Schecken werden nicht registriert.

Größe: bis 142 cm
Farbe: grau

◀ Camargue-Pferd

Höhlenmalereien aus dem französischen Lascaux zeigen Tiere, die dem Camargue-Pferd ähnlich sehen. Darum nimmt man an, dass diese Rasse sich aus einer Form entwickelt hat, die um 15 000 v. Chr. dort lebte. Camargue-Pferde leben in halbwilden Herden in den Salzmarschen des Rhone-Deltas, isoliert von anderen Pferderassen. Das bedeutet, dass die Rasse sehr rein geblieben ist. Diese robusten, kleinen Pferde fressen salziges Schilf und hartes Gras, das die meisten anderen Ponys nicht anrühren würden. Sie werden in dieser Gegend zum Hüten der wilden Stiere eingesetzt, die man zum Stierkampf verwendet. Camargue-Pferde haben einen kurzen Hals und sehr gerade Schultern. Dadurch sieht ihr Trab etwas plump aus, obwohl sie sehr flüssig galoppieren.

▼ Connemara

In Irland ist nur eine Ponyrasse heimisch, das Connemara. Es ist eine alte Rasse, die sich bis zum Keltischen Pony zurückverfolgen lässt, einer primitiven europäischen Rasse. Durch Einkreuzen von Arabern, Vollblütern und Welsh-Ponys wurde die Rasse verbessert. Besonders guten Einfluss soll der Hengst Cannon Ball (geboren 1904) gehabt haben. Angeblich wurde er nach seinem Tod mit einer traditionellen irischen Totenwache geehrt, ehe er auf seiner Koppel beerdigt wurde. Connemaras sind außergewöhnliche Ponys, die sich als Reit- und Zugtiere gut eignen. Sie sind sehr gehorsam und haben einen für Ponys auffallend langen Hals.

Welsh Section B, C & D

Die Sektion B entwickelte sich aus einer Kreuzung von Welsh Mountain Ponys und den schwereren Welsh Cob Ponys (Sektion C). Ponys der Sektion B verdanken ihre bei Turnieren wertvollen, fließenden Bewegungen und ihren guten Gehorsam einem Anteil Araberblut. Welsh Cobs unterteilt man in die Sektion C (nicht größer als 134 cm) und die Sektion D, die jede Größe haben kann, aber insgesamt stämmiger ist. Diese beiden Typen wurden in Wales für die verschiedensten Arbeiten auf Bauernhöfen eingesetzt. Beim Militär mussten sie Kanonen ziehen.

Größe: bis 144 cm
Farbe: grau, rotbraun, braun oder graubraun, manchmal kastanienbraun

Größe: bis 122 cm
Farbe: oft grau, auch andere Farben, aber nicht gescheckt

▲ Welsh Mountain Pony

Das Welsh Mountain Pony ist eine der ältesten Ponyrassen aus England und gilt auch als eine der schönsten. Das Zuchtbuch der Welsh-Ponys ist nach Größe und Statur in vier Linien gegliedert. Das Welsh Mountain Pony gehört der Sektion A an und hatte großen Einfluss auf die Entstehung der anderen Sektionen, weil es jede Rasse verbessert, in die es eingekreuzt wird. Seine Qualitäten verdankt es Arabern, Vollblütern und Hackneys. Welsh Mountain Ponys sind großartige Reit- und Zugtiere, die sich auch für Kinder gut eignen.

Größe: bis 142 cm
Farbe: schwarz, rötlichbraun oder dunkelbraun, seltener grau

Fell-Ponys

Das Fell-Pony und sein größerer Nachbar, das Dales-Pony, stammen aus den Pennines im Norden Englands. Beide Rassen haben ähnliche Vorfahren: das frühe Waldpferd, den Friesen und das heute ausgestorbene Galloway-Pony. Der friesische Einfluss ist gut zu erkennen. Das Fell ist ein gutes „Trab-Pony", das zum Reiten und Kutschieren eingesetzt wird. Mit dem meist schwarzen Fell, der langen Mähne und dem dicken Fell an den Beinen sieht es sehr auffällig aus. Dass die Rasse sich im Laufe der Zeit nur wenig verändert hat, ist auch der 1912 gegründeten „Fell Pony Society" zu verdanken.

Cayuse-Indianerpony

Wie der Name verrät, wurde das Cayuse-Indianerpony von Stamm der Cayuse-Indianer im Nordwesten der USA gezüchtet. Man nimmt an, dass seine Vorfahren französische Pferde waren, darunter auch Percherons, die im 17. Jahrhundert nach Kanada importiert wurden. Die Cayuse kreuzten leichtere spanische Rassen ein. Das Cayuse-Indianerpony hat einen kompakten Körper mit ausgeprägtem Brustkorb und kräftigen Beinen. Es ist für seine enorme Ausdauer und Schnelligkeit bekannt, gegen die weder weiße Cowboys noch die amerikanische Kavallerie eine Chance hatten. Leider ist die Rasse heute sehr selten geworden und außerhalb Kaliforniens kaum zu sehen.

Größe: bis 144 cm
Farbe: alle Farben

Größe: 132–142 cm
Farbe: kastanienbraun, rötlichbraun oder beige

◀ Baschkir-Pony

Diese alte, robuste Ponyrasse entstand im Uralgebirge und den eisigen Steppen des nördlichen Asiens. Das Baschkir-Volk hielt große Herden der Ponys als Reit- und Arbeitstiere, aber auch, um sich von deren Fleisch und Milch zu ernähren. Die Bauern ließen die Milch gerinnen und stellten daraus ein „haarsträubendes" Getränk her, das sie Koumiss nannten. Es gibt zwei Typen von Baschkir-Ponys: eine leichtere Form zum Reiten und eine kräftigere, die als Zugtier eingesetzt wird. Sie haben ein lockiges Fell, Schweif und Mähne sind oft sehr dick und lang.

▼ Haflinger

Haflinger entstanden in den Bergen von Südtirol in Österreich. Es sind robuste, trittsichere Tiere mit gutmütigem Charakter und enormer Kraft. Für die österreichischen Bergbauern waren sie sehr wertvoll. Sie haben einen leichten Kötenbehang und eine lange, volle Mähne.

Größe: 133–144 cm
Farbe: beige oder rötlichbraun

▼ Norwegisches Fjord-Pony

Dieses Pony ähnelt dem Asiatischen Wildpferd, einem der Vorfahren der modernen Pferderassen. Es hat Körpermerkmale eines frühen Pferdes und ein graubraunes Fell mit einem dunklen Rückenstreifen. Die Mähne ist recht grob und wird normalerweise gestutzt, so dass sie aufrecht steht. Dass schon die Wikinger die Mähne so schnitten, beweisen uralte Zeichnungen. Das Fjord-Pony ist seit der Wikingerzeit beliebt. Mit seinem kräftigen Körperbau und dem sanften Temperament eignet es sich als Reit-, Zug- und Lasttier. In letzter Zeit erfreut sich die Rasse neuer Beliebtheit und wird nun wieder in aller Welt gezüchtet, vor allem in den USA.

Größe: 122–142 cm
Farbe: graubraun mit dunklerem Rückenstreifen oder „Zebra-Streifen"

Schwere Pferde

Der Fortschritt der Technik hat dazu geführt, dass schwere Pferderassen kaum noch benötigt werden. Es waren stattliche, starke Tiere, die früher überall zum Transport und in der Landwirtschaft eingesetzt wurden. Noch heute sind sie auf einzelnen Bauernhöfen zu finden, meist werden sie aber gezüchtet, um sie mit leichteren Pferden wie Arabern und Vollblütern zu kreuzen, damit diese als Sportpferde bessere Eigenschaften erhalten. Einige Brauereien, die früher ihre Fässer mit Pferdewagen auslieferten, halten aber noch heute diese typischen „Brauereipferde".

Harte Arbeit!

Mancherorts werden noch heute Wettbewerbe im Pflügen ausgetragen. Meist treten schwere Pferde aber in Schauturnieren an, bei denen auch das schöne, traditionelle Geschirr vorgeführt wird. Manche Bauern und Forstbetriebe halten noch einige dieser Pferde für Spezialaufgaben. Im Richmond-Park in Südengland beispielsweise werden einige Shire zur Parkpflege eingesetzt – zur Begeisterung der großen und kleinen Besucher. Das Foto zeigt drei Shire beim Pflügen.

▼ Brabanter

Brabanter sind direkte Nachkommen der alten flämischen Pferde des Mittelalters, jener stattlichen „großen Pferde", die Ritter in voller Rüstung in die Schlacht trugen. Solche kräftigen schwarzen Pferde gab es in Europa schon früher, möglicherweise sogar schon in der Römischen Antike. Die Brabanter spielten eine wichtige Rolle in der Zucht guter Arbeitspferde, etwa der berühmten englischen Rassen Shire und Suffolk Punch. Dennoch sind die Brabanter nicht so bekannt wie ihre englischen Vettern, darum nimmt ihre Zahl seit dem Zweiten Weltkrieg stetig ab. Zum Glück wurde 1887 in Amerika eine Zuchtgesellschaft gegründet, die sich für den Erhalt der Rasse einsetzt. Selbst für ein schweres Pferd ist der Brabanter außerordentlich kräftig. Das kompakte Pferd hat relativ kurze Beine und breite Flanken.

Größe: 165–173 cm
Farbe: rötlichbraun, graubraun, rotbraun, kastanienbraun

Percheron ▶

Wie beim französischen Boulonnais ist auch beim Percheron der Einfluss von Arabern zu erkennen. Das Percheron ist eine sehr alte Rasse, wahrscheinlich lebten ähnliche Tiere im Gebiet des französischen La Perche schon während der Eiszeit. 720 importierte das berühmte französische Gestüt Le Pin einige bemerkenswerte Araberhengste und kreuzte sie mit seinen Percherons, wodurch sich die Rasse deutlich verbesserte. Percherons wurden im Krieg und in der Landwirtschaft als Reit- und Zugtiere eingesetzt. Wegen ihrer eleganten Bewegungen und ihres schönen Aussehens waren sie auch als Kutschpferde beliebt. Im Laufe der Zeit haben sich die Anforderungen verändert und die Züchtung wurde weiterentwickelt, damit die Rasse neue Aufgaben erfüllen kann. Percherons werden noch heute in großer Zahl in den USA, Argentinien und sogar Japan gezüchtet.

Vielseitiges, schweres Pferd

Das Percheron gilt als besonders elegantes, schweres Pferd. Sein Fell kann schwarz oder auffällig grau sein. Es hat einen ausdrucksvollen Kopf mit einem fein geschnittenen Profil und gehört zu den vielseitigsten der schweren Rassen. Wegen seiner ruhigen, fließenden Gangart ist es ein bequemes und beeindruckendes Reitpferd – und zugleich eins der wenigen schweren Pferde, die auch lange Strecken traben können.

Größe: 154–173 cm
Farbe: meist grau oder schwarz

Edward Harris aus New Jersey importierte die ersten Percherons in die USA. 1839 verschiffte er acht Pferde, von denen nur zwei überlebten: die Stute Joan und der Hengst Diligence.

Größe: 155–173 cm
Farbe: rötlichbraun, braun, kastanienbraun oder grau

Irish Draught

Das ursprüngliche Irish Draught war ein relativ leichtes Arbeitspferd, das sich für alle Arbeiten in der Landwirtschaft eignete. Es hat einen langen Rumpf mit kräftigen Hinterbeinen und einen kurzen, breiten Hals.

▲ Irish Draught (Vollblut-Kreuzung)

Das Irish Draught spielt heute in England und Irland eine wichtige Rolle in der Zucht von Turnierpferden. Seit ihrer Entstehung im 12. Jahrhundert hat sich die Rasse stark verändert. Die ersten Irish-Draught-Pferde waren Nachkommen der großen flandrischen Zugpferde mit etwas andalusischem Einfluss. Sie waren klein und sehr stämmig. Im 19. Jahrhundert versuchte man, Clydesdales einzukreuzen, doch ohne Erfolg. Nach weiteren Anstrengungen zur Verbesserung der Rasse ist das heutige Irish Draught größer und athletischer und hat eine großartige Haltung. Es ist zarter als andere schwere Pferde und wird häufig mit Vollblütern gekreuzt, um Turnierpferde der Spitzenklasse (siehe Foto) zu züchten.

Clydesdale-Fohlenl ▶
Clydesdale-Pferde sind weltweit berühmt, ihre Zucht bringt viel Geld ein.

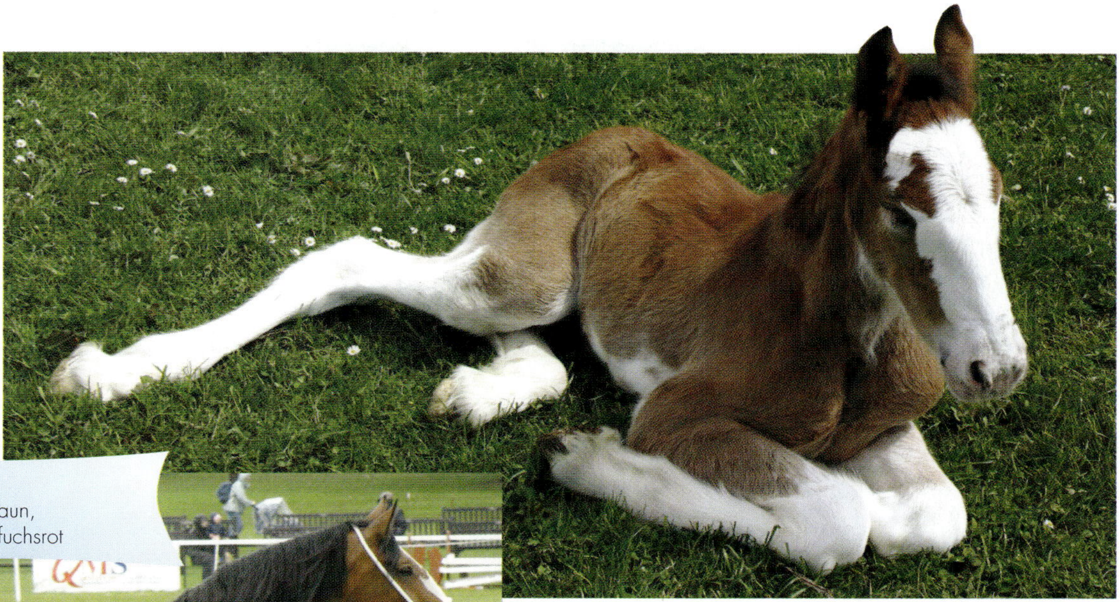

Größe: 173–183 cm
Farbe: meist hell rotbraun, manchmal grau oder fuchsrot

◀ Clydesdale

Das Clydesdale ist ein gewaltiges Pferd, das Mitte des 18. Jahrhunderts in Schottland entstand. Seine Vorfahren sind robuste, einheimische Rassen, deren Größe und Kraft durch Einkreuzen flämischer und belgischer Hengste gesteigert wurde. Im 19. Jahrhundert begannen Lawrence Drew and David Riddell ein Zuchtprogramm mit Shire-Stuten und den Hengsten Prince of Wales 673 und Darnley 222, um die Rassemerkmale fest zu verankern. Das Clydesdale-Pferd hat besonders kräftige Beine und Füße und dadurch einen sehr guten Trab. Vor allem in den USA ist es sehr beliebt; nicht umsonst dürfen dort zwei Clydesdales Werbung für eine bekannte Biersorte machen.

▼ Das Clydesdale hat einen schöneren Kopf als die meisten anderen schweren Rassen. Das Profil ist gerade, der lange Hals sieht sehr elegant aus.

◀ Shire

Das Shire-Pferd entwickelte sich in den Fen-Niederungen in England sowie in den Grafschaften Derbyshire, Staffordshire und Leicestershire. Es ähnelt dem primitiven Waldpferd und stammt von flandrischen und friesischen Pferden ab, die im 17. Jahrhundert von holländischen Arbeitern mit nach England gebracht wurden. Stammvater der Rasse war der Packington-Hengst Blind Horse, ein großer schwarzer Hengst, der viele Nachkommen hatte. 1884 wurde die Shire Horse Society gegründet. Ihr ist zu verdanken, dass der Bestand dieser Rasse, der nach dem Zweiten Weltkrieg erschreckend abnahm, inzwischen wieder steigt. Das Shire ist eins der stämmigsten und stärksten Pferde der Welt. Deshalb – und wegen seines schönen Aussehens und angenehmen Temperaments – ist es sehr beliebt.

Größe: über 173 cm
Farbe: schwarz, grau, rötlichbraun, kastanienbraun oder braun

Schwere Pferde haben für die Umwandlung der amerikanischen Prärie in Ackerland eine wichtige Rolle gespielt. Gespanne von 40 Pferden, von nur 6 Männern gelenkt, zogen riesige Mähdrescher!

▼ Noriker

Die Römer züchteten diese Rasse in der römischen Provinz Noricum, dem heutigen Österreich. Der Noriker stammt von den alten Schlachtrossen von Juvavum bei Salzburg ab und hat eine ähnliche Ahnenreihe wie der Haflinger. Im Mittelalter wurde die Rasse von Mönchen in der Region des Großglockners gezüchtet. Es ist ein sehr vielseitiges Arbeitspferd: robust, aber nicht zu groß, also ideal für die Arbeit in den österreichischen Wäldern. Im Zuchtregister sind strenge Vorgaben für Erscheinungsbild und Charakter festgelegt. Dadurch konnte die Rasse entscheidend verbessert werden.

Größe: 154–173 cm
Farbe: meist dunkel kastanienbraun mit flachsfarbener Mähne und Schweif; auch rotbraun, schwarz, graubraun und gescheckt

◀ Das bemerkenswert vielseitige Suffolk Punch ist die älteste in England heimische Rasse, von der es aber nur noch einige hundert Exemplare gibt.

▼ Suffolk Punch

Diese wundervolle Rasse entwickelte sich vom 16. Jahrhundert an im englischen East Anglia. Damals nannte man sie einfach „Old Breed" (Alte Rasse). Alle Pferde der Rasse lassen sich in männlicher Linie auf einen einzigen Stammvater zurückverfolgen, den Hengst Crisp's Horse of Ufford, der allen Nachkommen sein kastanienbraunes Fell vererbte. Im 19. Jahrhundert machte Herman Biddell, erster Vorsitzender der „Suffolk Horse Society", die Rasse weiter bekannt. Das Suffolk hat im Verhältnis zum Rumpf kurze, kräftige Beine mit sehr wenig Fell – was bei der Arbeit im schweren Lehmboden von Suffolk ein Vorzug war. Es besitzt enorme Kraft und geht beim Ziehen manchmal sogar auf die Knie. Leider ist der Bestand dieser Pferde mit ihrem freundlichen Temperament immer weitergeschrumpft.

Größe: 163–166 cm
Farbe: kastanienbraun

▼ Dieses prächtige Gespann hat eine warm-rotbraune Färbung. Sieben Rotbrauntöne – von pudrigem Rot-Beige bis zu sattem Kastanienbraun – werden derzeit von der „Suffolk Horse Society" anerkannt.

Leichte Pferde

Weil sich Vollblüter und Araber keineswegs für alle Reitsportarten eignen, hat man sie mit schweren Pferden und Ponys gekreuzt, um Rassen zu erhalten, die ruhiger und beherrschbarer sind und Merkmale besitzen, welche die vielfältigen Anforderungen des modernen Reitsports perfekt erfüllen. Rassen wie Hannoveraner, Oldenburger und Trakehner beispielsweise sind ausgezeichnete Dressur- und Springpferde, weil sie sich sehr elegant bewegen.

Größe: 145–152 cm
Farbe: schwarz, grau, rötlichbraun oder kastanienbraun

Araber-Pferde haben nur 17 Rippen, fünf Lendenwirbel und 16 Schweifwirbel. Alle anderen Rassen haben 17 Rippen, sechs Lendenwirbel und 18 Schweifwirbel.

▲ Araber besitzen nicht nu- Ausdauer, sondern machen auch beim klassischen Reiten, beim Western-eiten und beim Springen eine gute Figur.

▲ Araber

Araber sind eine der ältesten und reinsten Pferderassen der Welt. Ihr Ursprung ist nicht bekannt, allerdings versuchte schon im Jahre 786 der Historiker El Kelbi, ihre Geschichte von 3 000 v. Chr. an zu rekonstruieren. Wegen der Reinheit und der besonderen Merkmale hat diese Rasse für die Zucht große Bedeutung und wird ständig eingesetzt, um die Qualität anderer Rassen zu verbessern. Selbst die Vollblüter verdanken ihre Schnelligkeit und Ausdauer den Arabern. Daneben ist diese Rasse aber auch sehr gelehrig und gehorsam. Araber haben einen zierlichen Kopf mit kleiner Nasenspitze und großen Nüstern. Auch die Augen sind ungewöhnlich groß. Im Profil sieht man, dass die Stirn eine auffallende Vertiefung besitzt, die man „Jibbah" nennt. Der Kopf steht in einem ungewöhnlichen Winkel zum Hals, was für mehr Bewegungsfreiheit sorgt. Diesen abgerundeten Winkel nennt man „Mitbah" (Zeichen für Mut). Durch ihr besonderes Skelett sind Araber sehr kompakt und tragen den Schweif hoch.
Die Rasse entstand im Wüstenklima des Nahen Ostens und verträgt hohe Temperaturen. Das zierliche, elegante Aussehen täuscht darüber hinweg, dass dies eine der schnellsten, ausdauerndsten und robustesten Pferderassen der Welt ist. Wüstenrassen wie Araber und Achal Tekkiner zählen zu den Ausdauerpferden schlechthin.

Berber ▶

Wie Araber sind auch Berber eine alte Wüstenrasse, deren Herkunft nicht genau bekannt ist. Experten streiten sogar darüber, welche der beiden Rassen es zuerst gab. Berber entwickelten sich in Marokko, Algerien und Tunesien. Sie haben die typische dünne Haut, das feine Fell, die Kraft und Ausdauer von Wüstenpferden. Im Gegensatz zu den Arabern haben sie ein konvexes Profil, das nicht genau den strengen Vorschriften für ein „klassisches" Pferd entspricht. Trotzdem hatten die Berber großen Einfluss auf die Entstehung und Verbesserung anderer Rassen, vor allem der spanischen Pferde, der französischen Camargue-Pferde, des irischen Connemara, des amerikanischen Quarter Horse und sogar des Englischen Vollbluts.

Größe: 142–152 cm
Farbe: meist grau, manchmal rötlichbraun, kastanienbraun oder braun

◀ Achal Tekkiner

Diese alte Rasse entstand in den Wüsten Turkmenistans und wurde schon um 1000 v. Chr. in Ashkhabab gezüchtet, das noch heute ein wichtiges Zuchtzentrum ist. Diese typischen Wüstenpferde mit dünner Haut und feinem Fell vertragen große Hitze und überleben mit wenig Wasser, sind enorm schnell mit großer Ausdauer und wurden traditionell als Rennpferde verwendet. Daran hat sich bis heute nichts geändert. Im Aussehen erfüllen Achal Tekkiner nicht unbedingt westliche Maßstäbe, doch sie sind der ganze Stolz des turkmenischen Volkes. 1935 legte eine Gruppe von Reitern auf diesen Pferden die über 4 000 km lange Strecke von Ashkhabab nach Moskau mit minimalem Wasservorrat in sagenhaften 84 Tagen zurück. Ein Viertel der Strecke führte durch die Wüste.

Größe: 144–154 cm
Farbe: goldbeige, graubraun, kastanienbraun oder grau

▼ Morab

Diese amerikanische Rasse entstand um 1800, das „Internationale Morab-Register" wurde aber erst 1992 gegründet. Morabs sehen Arabern sehr ähnlich und sind sehr vielseitig. Sie eignen sich als Reittiere und auch zum Kutschieren. In letzter Zeit hat ihre Beliebtheit stark zugenommen. Sie werden vor allem in den USA sehr geschätzt.

Größe: 143–154 cm
Farbe: alle Farben, aber nur einfarbig

Kannst du raten, aus welchen beiden Rassen das Morab entstanden ist? Ganz einfach: Morgan und Araber. Möglicherweise ist in der Ahnenreihe auch ein geringer Einfluss des Quarter Horse zu finden.

▼ Englisches Vollblut

Drei asiatische Pferderassen hatten einen wichtigen Einfluss auf die Entstehung des Englischen Vollbluts: der Darley-Araber, der Byerley-Türke (wahrscheinlich ein Achal Tekkiner) und der Godolphin-Araber (der eigentlich ein Berber war). Seit den 1770er Jahren wurden jedoch keine anderen Rassen mehr eingekreuzt, so dass die Merkmale durch sorgfältige Zucht festgeschrieben wurden. Das Englische Vollblut ist die schnellste Pferderasse der Welt und hat ein recht lebhaftes Temperament. Für einen erfahrenen Reiter ist es ein perfektes Turnierpferd, das gern für Dressur und Springreiten eingesetzt wird. Bedeutend ist auch sein Einfluss auf andere Rassen, denn das Vollblut wird seit Jahrhunderten zur Zucht benutzt. Häufig entstanden durch Kreuzungen mit Warmblütern und sogar Ponys gute und erschwingliche Pferde, die sich für Freizeitreiter besser eignen als Vollblüter. Heute wird im Pferdesport viel Geld verdient, darum werden Vollblüter in aller Welt gezüchtet.

▲ Das Englische Vollblut ist eine der schnellsten und teuersten Pferderassen der Welt.

Größe: 154–166 cm
Farbe: alle Farben, aber nur einfarbig

Sport der Könige

In England hatte der Pferdesport schon vor der Entwicklung der Vollblüter eine lange Tradition. Könige und Adlige traten auf kleinen, schnellen Pferden zu Rennen an. Meist waren es Kreuzungen zwischen spanischen Pferden oder Berbern mit einheimischen Rassen. Aber erst durch die Zucht der Vollblut-Rennpferde im 17. und 18. Jahrhundert entstand der moderne Pferde-Rennsport, der sich zu einem Milliardengeschäft entwickelt hat. Eins der berühmtesten Rennen ist das englische „Grand National", das erstmals 1839 ausgetragen wurde. Heute ist die Strecke mit den 30 schwierigen Hindernissen 7,22 km lang.

Tolle Traber ▶
Einige der besten Standardbreds der Welt werden in Kentucky (USA) gezüchtet.

▼ Standardbred

Das amerikanische Standardbred gilt allgemein als einer der schnellsten Traber der Welt. In den USA kann es so teuer sein wie ein erstklassiger Vollblüter, von dem es abstammt. Die Rasse entstand im 18. Jahrhundert, als der englische Vollblüter Messenger in die USA verschifft wurde. In 20 Jahren wurde er Vater von über 600 Fohlen, deren Mütter Canadian-Pacer, Narragansett-Pacer (beide Rassen sind heute ausgestorben) und Morgan-Stuten waren. Hambleton, einer von Messengers Söhnen, ist wiederum Vater der vier Hengste George Wilkes, Dictator, Happy Medium und Elector, auf die sich fast alle amerikanischen Standardbreds zurückverfolgen lassen. Der Name geht auf das Jahr 1879 zurück, als ein Standard zum Eintrag in das Traberregister eingeführt wurde. Pferde mussten eine Meile in zweieinhalb Minuten traben oder eine Meile in zwei Minuten und fünfundzwanzig Sekunden im Schritt zurücklegen. Standardbreds hatten beträchtlichen Einfluss auf die meisten europäischen Traber.

Größe: 144–154 cm
Farbe: alle Farben, nur einfarbig

Größe: 142-154 cm
Farbe: alle Farben, nur einfarbig

▲ Hackney

Hackneys zählen zu den besten Trabern der Welt. Sie ziehen die Knie sehr hoch, so dass sie bei jedem Schritt einen Moment in der Luft schweben. Die Rasse entstand aus zwei britischen Rassen, dem Norfolk- und dem Yorkshire-Roadster, die sich beide auf einen einzelnen Hengst namens Original Shales zurückverfolgen lassen. Dieser war der Enkel von Flying Childers und der Urenkel eines Darley-Arabers, einem der Stammväter der Vollblüter. Hackneys wurden früher in der Landwirtschaft eingesetzt, heute sind sie als Freizeitpferde, Kutschpferde und Rennpferde beliebt. Diese Pferde sind sehr charmant und erzeugen bei Turnieren immer Aufsehen.

Größe: 165 cm
Farbe: meist rotbraun oder kastanienbraun, auch andere einfarbige Töne

▲ Französischer Traber

Trabrennen haben in Frankreich eine lange Tradition. Das erste bekannte Rennen wurde schon 1806 auf dem Marsfeld in Paris ausgetragen. Noch heute sind Trabrennen im Sattel und im Sulky in Frankreich besonders beliebt. Die Vorfahren des französischen Trabers sind der English Norfolk Roadster (ausgestorben), das Vollblut und das amerikanische Standardbred. Ungewöhnlich ist, dass der französische Traber die Füße diagonal setzt, während fast alle anderen Rassen jeweils Vorder- und Hinterbein auf einer Seite gleichzeitig bewegen. Traditionell ist es ein schlichtes, eher robustes Pferd. Neuerdings werden Vollblüter eingekreuzt und die Tiere sehen eleganter und ausgewogener aus.

Größe: 152–163 cm
Farbe: schwarz, kastanienbraun und mehrfarbig

◀ Tennessee Walker

Der bemerkenswerte Tennessee Walker wurde im 19. Jahrhundert von Plantagenbesitzern gezüchtet, die sich bequeme Pferde für Inspektionsritte über ihre Ländereien wünschten. Zur Entstehung der Rasse trugen zwei Pacer sowie Vollblut, Saddlebred, Standardbred und Morgan bei. Alle drei Gangarten des Pferdes sind sehr angenehm. Der leichte Trab wird auch als „Schaukelstuhl-Trab" bezeichnet, weil er so weich und versammelt ist.

Größe: 145–163 cm
Farbe: alle Farben, nur einfarbig

◀ Quarter Horse

Das Quarter Horse ist eine der bekanntesten und beliebtesten amerikanischen Rassen. Es wurde im 17. Jahrhundert hauptsächlich aus spanischen Pferden, Arabern und Berbern gezüchtet, bald kamen noch Vollblut-Einflüsse hinzu. Ursprünglich wurde es als Rennpferd für die Distanz einer Viertelmeile gezüchtet, doch bald erkannte man seine Vielseitigkeit und setzte es auch als Reit-, Zug- und Hütepferd ein. Es hat ein natürliches Gespür für Rinder und ist auf der Ranch und auf dem Rodeo-Platz unersetzlich. Wegen seines freundlichen Temperaments und seiner Gelehrigkeit eignet es sich sehr gut für Kinder, aber auch als Freizeit-, Turnier- und Arbeitspferd.

▼ Morgan

Diese beliebte amerikanische Rasse lässt sich auf einen unglaublichen Hengst namens Justin Morgan zurückverfolgen, der seine geringe Größe (nur 142 cm) durch viel Charakter ausglich. Justin Morgans Abstammung ist unbekannt, man weiß aber, dass er außergewöhnlich vielseitig war. Er gewann jedes Rennen, ob mit Reiter oder Kutsche, siegte bei Zugwettbewerben und wurde für verschiedene Zugarbeiten, zum Pflügen und als Rückepferd im Wald eingesetzt. Er hatte viele Nachkommen, die sämtlich seine besonderen Merkmale zeigten. Das Morgan-Pferd hat viele andere Rassen beeinflusst, darunter Morab, Saddlebred und Standardbred. Morgans sind ausgezeichnete Reit- und Zugpferde, die sehr elegant aussehen.

Größe: 144–154 cm
Farbe: alle Farben, nur einfarbig

Missouri Fox Trotter ▶

Der Missouri Fox Trotter entstand in den Ozark Hills in Missouri (USA) als Mischung von Arabern, Vollblütern und Morgan-Pferden mit späterem Einfluss von zwei Saddlebred-Hengsten. Ursprünglich wurde er für Rennen gezüchtet, die damals bei den reichen Familien des Südens sehr beliebt waren. Mit Ausbreitung des Puritanismus galten Pferderennen aber als unmoralisch und man verwendete die Pferde zum Ziehen von Kutschen. Sie sind sehr ausdauernd, sehen gut aus und haben eine spezielle, zügige Gangart, die man Fox Trot nennt – ein unglaublich bequemes Mittelding zwischen Trab und Schritt.

Größe: bis 165 cm
Farbe: meist kastanienbraun, auch andere Farben

◀ American Saddlebred

Diese amerikanische Rasse entstand in den Südstaaten, vor allem in Kentucky, und wurde darum anfangs Kentucky Saddler genannt. Sie sollte vielseitig eingesetzt werden: zum Reiten, zum Kutschieren und in der Landwirtschaft. Grundlage der Rasse ist eine Kreuzung aus Narragansett-Pacer und Canadian-Pacer (beide heute ausgestorben), später wurde sie durch Einkreuzung von Morgans, Vollblütern und Hackneys verbessert.

Saddlebreds sind lebhafte, wache Tiere mit guter Beweglichkeit und stolzer Haltung. Sie treten in Turnieren für Pferde mit drei und mit fünf Gangarten an. Die fünf Gangarten sind Schritt, Trab, Tölt, Pass und Galopp.

Größe: 152–163 cm
Farbe: meist kastanienbraun, auch andere Farben, immer einfarbig

Rocky Mountain Horse ▶

Das Rocky Mountain Horse ist eine recht junge amerikanische Rasse, die erst seit 1986 registriert ist. Sie geht zurück auf den Züchter Sam Tuttle aus Kentucky und seinen Hengst Old Tobe, der sich als Rennpferd wegen seines besonderen Temperaments und seiner ungewöhnlichen Färbung einen Namen machte. Alle Nachkommen erbten seine besonderen Merkmale. Rocky-Mountain-Pferde sind angenehm zu reiten, weil ihre Gangarten sehr weich sind. Die Rasse zeigt deutliche Einflüsse der spanischen Pferde, aber auch von Tennessee Walkers und Saddlebreds. Es sind attraktive Pferde mit großartigem Wesen. Häufig haben sie ein schokoladenbraunes Fell mit Schweif und Mähne in hellem Beige.

Größe: 144–163 cm
Farbe: meist schokoladenbraun, auch andere Farben, nur einfarbig

Größe: 165 cm
Farbe: meist rötlichbraun, auch andere Farben, nur einfarbig

◀ Dänisches Warmblut

Das Dänische Warmblut wurde aus den Rassen Frederiksborg und Holsteiner gezüchtet und durch Vollblüter, Trakehner, Wielkopolski und Selle Française verbessert – eine vielseitige Ahnenreihe! Mit der Zeit entstand so eine typische Rasse, und schließlich wurde in den 1960er Jahren das Zuchtbuch des Dänischen Warmbluts eingerichtet. Es ist ein ausgezeichnetes Dressur- und Springpferd, das die guten Eigenschaften seiner Vorfahren in sich vereinigt. Die Züchtergesellschaft achtet sehr auf hohe Standards.

▼ Gelderländer

Der Gelderländer wurde vor etwas mehr als 100 Jahren eigentlich für leichte Landwirtschaftsarbeiten gezüchtet. Aus Kreuzungen von Arabern, Vollblütern, Norfolk Roadsters, Cleveland Bays, Oldenburgern und Hackneys entstand diese Rasse, die heute klare Merkmale aufweist. Als ausgezeichnete Gespannpferde und schwere Reitpferde sieht man sie häufig auf internationalen Wettkämpfen. Sie haben ein ausgesprochen freundliches Temperament, sind gehorsam und kräftig, aber nicht sonderlich schnell. Gelderländer hatten wesentlichen Einfluss auf die Entstehung des Holländischen Warmbluts und haben ihr freundliches, gelehriges Wesen an diese besser bekannte, holländische Rasse weitergegeben.

Größe: 154–165 cm
Farbe: meist kastanienbraun, manchmal rötlichbraun oder grau

Friese

Dies ist eine sehr alte Rasse, die vermutlich vom wilden Waldpferd abstammt und großen Einfluss auf andere Rassen in Europa genommen hat. Die vielseitigen Pferde wurden im Krieg und in der Landwirtschaft eingesetzt, aber auch als Kutsch- und Reitpferde. Als gelehrige Dressurpferde waren sie in der Kavallerie und auch im Zirkus gern gesehen. Streng genommen sind es Kaltblüter, doch durch Einkreuzen spanischer Pferde im 17. Jahrhundert wurde die Rasse erheblich verbessert. Sie hatte großen Einfluss auf die Entwicklung des Oldenburgers und Württembergers, des Shire-Pferdes, des Döle-Pferdes und der Dales- und Fell-Ponys. Friesen sind immer schwarz und tragen an den Beinen einen auffälligen Fellbehang. Ihr Temperament ist sehr ruhig und freundlich.

Größe: 145–155 cm
Farbe: schwarz

Wegen ihres schwarzen Fells, der edlen Haltung und der kraftvollen Bewegungen waren Friesen als Zugpferde für Leichenwagen sehr gefragt.

Größe: 152–163 cm
Farbe: meist grau, manchmal schwarz, graubraun, kastanienbraun, fuchsrot

▲ Andalusier

Die alte spanische Rasse der Andalusier ist sehr berühmt, obwohl man über ihre Ursprünge wenig weiß. Es sind sehr schöne und intelligente Tiere, die häufig zur Verbesserung anderer Rassen eingesetzt wurden. Sie sind nicht scheu und haben eine ungewöhnliche Gangart, genannt „Paso de Andatura", mit sehr hoch gezogenen Schritten, so als seien sie stolz darauf.

Größe: 142–152 cm
Farbe: meist graubraun, auch andere Farben

▲ Criollo

1535 verschiffte Pedro de Mendoza, der Gründer der Stadt Buenos Aires, 100 spanische Pferde an den Rio de la Plata. Diese frühen Pferde zeigten deutlichen Einfluss von Berbern und Sorraia in ihrer Abstammung. Als die einheimischen Indios 1540 die Stadt eroberten, liefen viele der Pferde davon. Aus diesen verwilderten Tieren entwickelte sich das Criollo, das unglaublich robust ist und auch Bedingungen verkraftet, die andere Rassen nicht überleben würden. Es ist das Lieblingspferd der südamerikanischen Viehhirten, der Gauchos, und wird auch bei Paraden eingesetzt. An seinem Aussehen ist die spanische Abstammung meist zu erkennen. 1918 wurde die „Criollo-Zuchtgesellschaft" gegründet, die den Eintrag eines Pferdes ins Zuchtregister erst nach strengen Ausdauertests zulässt.

▼ Lusitano

Das Lusitano ähnelt dem Andalusier, beide Rassen haben sehr ähnliche Erbanlagen. Tatsächlich ist das Lusitano das portugiesische Gegenstück zum Andalusier und stammt hauptsächlich vom spanischen Sorraia-Pferd und vom Berber ab. Beim Andalusier ist der Einfluss des Arabers größer, darum betrachten manche Kenner das Lusitano als „reinere" spanische Rasse. Im Gegensatz zum Andalusier hat das Lusitano ein ausgeprägt konvexes Profil und eine abgeschrägte Kruppe mit niedrig ansetzendem Schweif. Weil es ein ruhiges Temperament hat und sehr gelehrig und mutig ist, wird es von portugiesischen Stierkämpfern sehr geschätzt. Das Lusitano wird weltweit als Reit- und Zugpferd eingesetzt und ist in den USA besonders beliebt.

Größe: 152–163 cm
Farbe: grau, rötlichbraun oder kastanienbraun

▼ Appaloosa

Das Appaloosa-Pferd trägt seinen Namen nach dem Fluss Palouse, der sich durch das Gebiet der Nez-Percé-Indianer windet. Dieses Volk wollte ein robustes Pferd züchten, das gelehrig und schnell war, so dass sie ihren Feinden entkommen oder sie jagen konnten. Das gescheckte Fell war ein zusätzlicher Vorteil, weil es gute Tarnung bot. Appaloosas können verschiedene Fellzeichnungen haben, die als leopardbunt, schneeflockenbunt, deckenbunt, marmorbunt, weiße Decke und Frostschecke bezeichnet werden.

Größe: 142–154 cm
Farbe: gescheckt

Mehr als hübsch ▶
Der Lipizzaner ist eine der athletischsten und gelehrigsten Rassen der Welt.

◀ Lipizzaner

1580 gründete Erzherzog Karl II. das Gestüt Lipica in Slowenien, um eine majestätische Pferderasse für die herzoglichen Ställe in Graz und die königlichen Ställe in Wien zu züchten. Diese Rasse lässt sich auf sechs Zuchthengste zurückverfolgen: Conversano, Favory, Pluto, Neapolitano, Maestoso und den Araber Siglavy. Durch strenge Auswahl wurde dafür gesorgt, dass die Rasse weiß (eigentlich hellgrau) ist, weil man die Farbe für angemessen königlich hielt. Obwohl diese vielseitigen Pferde auch als Reit- und Zugtiere gut geeignet sind, denkt man bei ihnen meist an die Spanische Reitschule in Wien, die für ihre großartige Dressurausbildung berühmt ist.

Größe: 152–164 cm
Farbe: meist grau, manchmal graubraun

▲ Holsteiner

Dies ist die älteste deutsche Rasse, die schon um 1300 im Kloster Uetersen in der Haseldorfer Marsch gezüchtet wurde. Wie viele der deutschen Rassen, sah der Holsteiner früher ganz anders aus als heute, weil der Erbeinfluss von spanischen und orientalischen Rasse stark war. Holsteiner wurden als Kriegs- und Zugpferde benutzt. Später wurden Vollblüter und Yorkshire Coach Horses eingekreuzt. Seit Ende des Zweiten Weltkrieges wurde die Rasse durch Vollblüter weiter verbessert, so dass die Holsteiner heute von allen Warmblütern den höchsten Vollblut-Anteil besitzen. Dadurch sind sie sehr ausdauernd. Der Holsteiner ist ein gutes Sportpferd mit besonders freundlichem Wesen.

Größe: 163–173 cm
Farbe: meist rötlichbraun oder kastanienbraun, auch andere Farben, nur einfarbig

◀ Hannoveraner

Traditionell wurden diese Pferde für verschiedene Aufgaben gezüchtet – zum Reiten und Kutschieren sowie für leichte Landarbeit. Darum hatten sie einen kräftigen Körperbau und zogen die Knie recht hoch. Als 1735 Kurfürst Georg von Hannover zum König George II. von England gekrönt wurde, gründete er im niedersächsischen Celle ein Gestüt, in dem durch strenge Auswahl aus den Nachkommen von 14 schwarzen Holsteiner-Hengsten und Vollblut-Stuten Hannoveraner gezüchtet wurden. Durch Einkreuzen von Vollblütern und später Trakehnern wurde der Körperbau allmählich leichter und athletischer, so dass die Pferde sich hauptsächlich als Reittiere eigneten. Heute gilt der Hannoveraner als Dressur- und Springpferd der Spitzenklasse.

Größe: 155–173 cm
Farbe: alle Farben, nur einfarbig

▼ Oldenburger

Ursprünglich war der Oldenburger ein Landwirtschaftspferd. Die Rasse entstand im 17. Jahrhundert aus spanischen Pferden und Berbern, Friesen und Vollblütern. Allmählich veränderten sich die Anforderungen, und die Rasse wurde durch Einkreuzen von Vollblütern, Cleveland Bay, Norman und Hannoveranern deutlich verbessert. Heute ist es eine elegante, athletische Rasse, die bei Dressur- und Springturnieren von sich reden macht. Die Pferde haben einen kompakten, kräftigen Körperbau und ungewöhnlich gesunde, unempfindliche Füße. Sie ziehen die Knie recht hoch – ein Zeichen dafür, dass sie früher auf dem Ackerland eingesetzt wurden.

Größe: 164–175 cm
Farbe: meist rötlichbraun, schwarz, grau oder braun

▼ Cleveland Bay

Das Cleveland Bay ist eine der ältesten englischen Rassen, die es schon im Mittelalter gab. Ursprünglich wurde sie nach den fahrenden Händlern, deren Karren diese Pferde oft zogen, benannt: Chapman Horse. Die Rasse entstand in Yorkshire und war anfangs wesentlich kleiner als heute. Im 17. Jahrhundert wurde sie durch Berber- und Vollblut-Einflüsse wesentlich verbessert. Die Verwandtschaft zum Berber ist am Kopf der modernen Cleveland-Bay-Pferde noch zu erkennen. Königin Elizabeth II. von England lässt ihre Kutsche von diesen Pferden ziehen. Sie hat sich stark für den Erhalt der Rasse eingesetzt. Cleveland Bays sind ausgezeichnete Reit- und Zugpferde mit großartigem Wesen. Sie sehen elegant aus und sind immer rotbraun.

Größe: 163–165 cm
Farbe: rotbraun mit schwarzen Spitzen

▲ Kabardiner

Größe: 152–154 cm
Farbe: meist rötlichbraun, auch braun, schwarz oder grau

Der Kabardiner entwickelte sich im Kaukasus, der rauen Bergregion im Südwesten Russlands. Es sind besonders trittsichere Pferde, die leicht steile Bergpässe überwinden und durch tiefe Schneefelder waten können. Bemerkenswert ist ihr guter Orientierungssinn: Selbst im Dunkeln finden sie ihren Weg im bergigen Gelände. Es ist eine kräftig gebaute, widerstandsfähige Rasse mit großer Ausdauer, die früher von Nomadenvölkern als Reit- und Packpferd benutzt wurde. Heute wird der Kabardiner auch im Sport immer mehr geschätzt. Die besten Kabardiner werden in den russischen Gestüten Malokarachaev und Malkin gezüchtet.

▼ Trakehner

Die Geschichte der Trakehner beginnt mit den Skythen in Ostpreußen, die berühmte Reiter waren. Sie züchteten eine kleine, robuste Pferderasse, die sie in der Landwirtschaft und im Krieg einsetzten. Daher rührt die enorme Ausdauer der Trakehner. 1732 strebte Friedrich Wilhelm I. an, eine neue Rasse von Kavalleriepferden zu gründen und eröffnete das Königliche Gestüt in Trakehnen, wo die robusten einheimischen Pferde mit Arabern und Vollblütern gekreuzt wurden. Durch weiteren Araber- und Vollblut-Einfluss wurde die Rasse fortlaufend verbessert. Heute zählt der Trakehner zu den elegantesten Warmblütern und bringt in allen sportlichen Disziplinen Höchstleistungen.

Größe: 163–165 cm
Farbe: alle Farben, nur einfarbig

Gestüte

Viele Länder sind für bestimmte Pferderassen berühmt. Aus England und Irland beispielsweise stammen großartige Vollblüter, während Amerika das Weltzentrum des Quarter Horse ist. Die faszinierenden weißen Lipizzaner werden im österreichischen Gestüt gezüchtet. Aus Deutschland stammen einige der weltbesten Sportpferde, darunter Hannoveraner, Oldenburger und Holsteiner. Deutsche Rassen sind so erfolgreich, weil das Zuchtverfahren sehr sorgfältig ist. Das Landesgestüt Celle ist das Zentrum der Hannoveraner-Zucht, zu der heute über 150 Hengste gehören. Es sind hauptsächlich Hannoveraner, aber auch einige Vollblüter, ein Anglo-Araber und ein Selle Française. Vor der Zulassung zur Zucht werden Temperament, Wesen, Leistungsfähigkeit, Reitbarkeit, Körperbau und Konstitution der Hengste streng geprüft.

Marwari ▶

Marwari werden seit Jahrhunderten in Indien auf dem Gebiet der Region Marwar gezüchtet. Im Kloster Kalabar, dem Zentrum der Zucht, sagt man, die Rasse könne bis in eine Zeit zurückverfolgt werden, als die Ozeane zu Nektar für die Götter gerannen und die Pferde noch Flügel hatten. Die außergewöhnliche Rasse zeigt Einflüsse der turkmenischen und arabischen Pferde, die aus benachbarten Regionen stammen. Marwari waren die Pferde der Rathor, eines stolzen und kriegerischen Wüstenvolkes. Die Pferde waren ebenso stolz wie die Krieger und hatten einen unbeirrbaren Orientierungssinn.

Marwari haben auffällig gebogene Ohren und ein sehr gutes Gehör. Ihre Hufe sind sehr stark und müssen nur selten beschlagen werden.

Größe: 145–154 cm
Farbe: kastanienbraun, rötlich-braun, braun, gescheckt oder goldbeige

Die Leistungen der Marwari im Krieg sind in Indien zur Legende geworden. Es heißt, sie hätten niemals aufgegeben und ihren Reiter selbst dann noch in Sicherheit gebracht, wenn dieser im Kampf schwer verletzt wurde.

Adressen

Verein Freunde der Achal-Tekkiner Pferde Schweiz
Sennhofweg 114, CH-8482 Sennhof
Tel./Fax: (0) 52 233 81 24

IG & Förderverein für Aegidienberger Pferde e.V.
Görreshof 43, D-53347 Alfter

Interessengemeinschaft Andalusier
Herbert Kahn
Eichenstraße 14, D-83132 Pittenhart
Tel.: (08624) 46 66
Fax: (08624) 29 96
herbert.kahn@andalusier.tv

Appaloosa Horse Club Germany
Heinz Steinhofer
Richting 1, D-94154 Neukirchen v. Wald
Tel.: (08505) 34 62, Fax: (08505) 93 96 70
E-Mail: hesteinhofer@debitel.net

Zuchtverband für Shagya-Araber, Anglo-Araber und Araber e.V. (ZSAA)
Im Langenborn 55, D-63825 Schöllkrippen
Tel.: (06024)1775, Fax: (06024) 8213

Verband der Züchter des Arabischen Pferdes e.V.
Bissendorfer Str. 9, D-30625 Hannover
Tel: (0511) 55 01 66/7
Fax: (0511) 55 00 88
E-Mail: info@araberzuchtverband.de
www.araberzuchtverband.de

Verein der Freunde und Züchter des Camargue-Pferdes e.V.
Auf dem Dackscheid, 54619 Großkampenberg
Tel.: (06559) 93 05 0, Fax: (06559) 93 05 2
E-Mail: info@vfzcd.de

IG Deutsches Classic-Pony
Reinhard Lückel
Auf dem Schnee 52, D-58313 Herdecke
Tel.: (02330) 84 67 0, Fax: (02330) 84 34 3
www.classic-pony.com

Connemara-Pony Interessengemeinschaft e.V.
Am Brombeerschlag 3, D-81375 München
Tel.: (089) 714 07 94
eMail: Connemara.pony@t-online.de

Connemarapony Vereinigung e.V.
Martina Ferfers
Gubberather Str. 24, D-41363 Jüchen
Tel.: (02181) 47 05 76
E-Mail: info@connemara-pony.de
www.connemara-pony.de

CRIOLLO Zuchtverband Deutschland e.V.
Pressestelle Barbara Jakob
Engelsgasse 7, D-97528 Sulzdorf an.der Lederhecke
Tel.: (09763) 930 01 33, Fax: (09763) 930 01 53
E-Mail: baja-criolla@gmx.de

Dales-Pony
Dr. Doris Kleffken-Wiederhold
Wagenfeldweg 20, D-48268 Greven
Tel.: (02575) 28 65

IG Dartmoorponyzüchter und -freunde in Deutschland e.V.
Hans Eilers (1. Vorsitzender)
An der Bäke 2, D-26345 Bockhorn
Tel: (04453) 74 74
E-Mail: eilershans@t-online.de

IG des Dülmener Wildpferdes Deutschland e.V.
Detlef Bleser
Adalbert-Stifter-Str. 5, D-65479 Raunheim
Tel: (06141) 92 49 2C, Fax: (06142) 924 92 22

Interessengemeinschaft Fjordpferd e.V.
Dorfstr. 80b, D-17375 Leopoldshagen
Tel.: (03974) 20 82 9
E-Mail: igf-ev@t-online.de

Zuchtverband für das Ostfriesische und Alt-Oldenburger Pferd e.V.
Mühlenhof/Mühlenstr. 50, D-26831 Bunde
Tel.: (04953) 81 00, Fax: (04953) 81 00
E-Mail: pallhoff@aol.com
www.bauerpower.de

Friesenpferde-Zuchtverband e.V.
www.friesenpferde-zuchtverband.de
Burger Hauptstrasse 14b, D-35745 Herborn-Burg
Tel.: (02772) 92 42 38, Fax: (02772) 92 42 39
E-Mail: Friesenpferde-Zuchtverband@t-online.de

Arbeitsgemeinschaft der Haflingerzüchter und Halter in Baden-Württemberg
Robert Meier
Sigisweiler 8, D-74575 Schrozberg
Tel.: (07935) 72 63 53

Verband hannoverscher Warmblutzüchter e.V.
Lindhooper Str. 92, D-27283 Verden
Tel.: (04231) 67 30, Fax: (04231) 67 31 2
E-Mail : hannoveraner@hannoveraner.com
www.hannoveraner.com

IG Highlandpony e.V.
Büchener Weg 17, D-21514 Siebeneichen
Tel.: (04158) 728, Fax: (04158) 8402

Verband der Züchter des Holsteiner Pferdes e.V.
Steenbeker Weg 151, D-24106 Kiel
Tel.: (0431) 305 99 60, Fax: (0431) 33 61 42
E-Mail: holsteiner@lkv-sh.de
www.holsteiner-verband.de

Island-Reiter- und Züchterverband (IPZV) e.V.
www.ipzv.de
Christian Schützel
Tränkepforte 3, D-34117 Kassel
Tel.: (0561) 739 51 13, Fax: (0561) 739 51 14
E-Mail: geschaeftsstelle@ipzv.de

Deutsche Missouri Foxtrotter Association e.V.
Rötelbachstr. 12, D-75365 Calw

IG New Forest-Pony e.V. Deutschland
Helmuth Stöcklein
Untere Hauptstr. 16, D-89407 Dillingen
Tel.: (09071) 59 33, Fax: (09071) 72 97 56
www.newforestpony-ig.de

Verband der Züchter des Oldenburger Pferdes e.V.
Grafenhorststr. 5, D-49377 Vechta
Tel.: (04441) 91 49 0, Fax: (04441) 91 49 99
E-Mail: info@oldenburger-pferde.com
www.oldenburger-pferde.com

Paso Fino Vereinigung Europa e.V.
Margit Schwager
Kottenheim 87, D-91478 Markt Nordheim
Tel.: (09165) 99 57 94
E-Mail: kontakt@pfve.de
www.pfve.de

Paso Peruano Vereinigung Deutschland e.V.
Frankfurter Str. 33, 61279 Grävenwiesbach

Deutscher Pinto Zuchtverband e.V.
Kurhessenstr. 21, D-34626 Neukirchen-Knüll
Tel.: (06694) 91 94 25, Fax: (06694) 91 94 27
E-Mail: Pinto.dpzv@t-online.de
www.pinto-dpzv.de

IG der Shetlandponyzüchter e.V.
Sabine Deeke
Große Weide 17 a, D-38518 Gifhorn
Tel.: (05371) 93 28 67

Deutscher Shire Horse Verein e.V
Geschäftsstelle: Dr. Jutta Jung
D-53343 Wachtberg, Domsteinbruch 1
Tel.: (0228) 34 63 11, Fax: (0228) 34 44 91
E-Mail: shirehorse.ev@t-online.de
www.shire-horse-germany.de

American Saddlebred Horse Association Deutschland e.V.
Staffelsgasse 25, D-53347 Alfter

European Tennessee Walking Horse Association e.V.
Zum Rosenberg 3, D-35619 Braunfels

Verband der Züchter und Freunde des Ostpreußischen Warmblutpferdes Trakehner Abstammung e.V.
Rendsburger Str. 178a, D-24537 Neumünster
Tel.: (04321) 90 27 0, Fax: (04321) 90 27 19
E-Mail : info@trakehner-verband.de
www.trakehner-verband.de

IG Welsh e.V.
Joachim Clement
Brüchermühlerstr. 7, D-51588 Nümbrecht/Winterborn
Tel.: (02293) 2295, Fax: (02293) 81 52 15

Deutsche Reiterliche Vereinigung e.V.
Bundesverband für Pferdesport und Pferdezucht
Fédération Equestre Nationale (FN)
Freiherr von Langen-Straße 13, D-48231 Warendorf
Tel.: (02581) 63 62 0, Fax: (02581) 62 14 4
www.pferd-aktuell.de

VFD Bundesgeschäftsstelle
Lindenstrasse 10, D-56355 Hunzel
Tel.: (06772) 963 09 80, Fax: (06772) 963 09 85
E-Mail: bundesgeschaeftsstelle@vfdnet.de
www.vfdnet.de

EWU-Bundesgeschäftsstelle
Freiherr-von-Langen Str. 8a, D-48231 Warendorf
Tel.: (02581) 928 46-0, Fax: (02581) 92 846-25
E-Mail: info@ewu-bund.de
www.westernreiter.com

Das Internetportal des Direktorium für Vollblutzucht und Rennen e.V.
Rennbahnstraße 154, D-50737 Köln
Tel.: (0221) 74 98 55, Fax: (0221) 74 98 64
E-Mail: info@direktorium.de
www.direktorium.de

Hauptverband für Traber-Zucht und -Rennen e. V.
Gutenbergstraße 40, D-41564 Kaarst
Tel.: (02131) 98 57-0, Fax: (02131) 51 16 49
E-Mail: hvt-info@hvt.de
www.hvt.de

VDD Geschäftsstelle
Frau Angelika Kreft
Zum Ludwigsthal 17, D-45527 Hattingen
Tel.: (02324) 23 84 1, Fax: (02324) 95 10 48
E-Mail: GSVDD@t-online.de
www.vdd-aktuell.de

Verband der Züchter der Spezialpferderassen in Bayern e.V.
Landshamer Str. 11, D-81929 München
Tel.: (089) 92 69 67-350, Fax: (089) 92 69 67-355
betreut u.a. Andalusier, Anglo-Kabardiner, Appaloosa, Criollo, Friese, Huzule, Irish Tinker, Kabardiner, Knabstruper, Konik, Leutstettener-Sarvar, Lipizzaner, Lusitano, Mangalarga-Marchador, Maultiere, Orlow-Traber, Paint Horse, Paso-Pferd, Pinto, Quarterhorse, Shire Horse, Tersker

Register

Danksagung

Der Herausgeber dankt den folgenden Institutionen und Pferdebesitzern für ihre freundliche Unterstützung:

Associaçào Portuguesa de Criadores do Cavalo Puro Sange Lusitano www.cavalo-lusitano.com; Bill Noble für seine Clydesdale-Fotos; Brenda Dalton und Dru Harper, www.caspianhorsesociety.co.uk; Cheryl A Skigin für ihre Fotos von Friesen; Gina Gibson und dem Kentucky Horse Park; Jackie James von der American Quarter Horse Association; Linda V Chapman und der British Percheron Horse Society; Linda Skeats und Peter Dallow, www.clevelandbayendeavour.com; Linda Yutzy Lonestar Dartmoors; Martin Goymour und der Suffolk Horse Society; Mary Jean Gould-Earley für ihre Fotos von Fell-Ponys, www.laurelhighland.com; Nancy Pearson für die Fotos von Mustangs, www.wildsideranch.com; Nicki Barfield vom Glenwestcastle Highland Pony Stud; Norma Grubb von der Irish Draught Horse Society; Richard James und dem Carriage Driving Magazine; Rob und Val Williams vom Glenwood Stud, Mr. P. Russel Howell und der British Palomino Society; Stephen Frampton und der Irish Draught Horse Societ; Susan Eckholdt Equuleus Falabella Stud, Una Harley www.lipizzaner.co.uk. Vielen Dank auch an alle anderen, die wertvolle Informationen über die einzelnen Rassen beigesteuert haben.

Der Herausgeber dankt außerdem Sharon Rudd für das Design, Lorna Hankin für das Lektorat, Will Jones für die Bildrecherche, Phil Carré für die Unterstützung im Layout, Debby Sly für ihre engagierte Autorentätigkeit und Kit Houghton für seine endlose Geduld.

Bildnachweis:
Alle Auftragsfotos von Studio Cactus, Kit Houghton und Peter Cross.

Agenturfotos von Kit Houghton Photography: 4, 6ol, 7Mr, 10u, 12b, 13Mr, 14tr, 14u, 17u, 20ol, 26o, 28u, 31Ml, 35Mr, 37or, 38ol, 40or, 42, 43ol, 43ur, 44ol, 44M, 45or.

Weitere Fotos: Associaçào Portuguesa de Criadores do Cavalo Puro sange Lusitano; www.cavalo-lusitano.com 17or, 41Ml, 41ur; Bill Noble 16ol, 27o, 27M, 27u; Cheryl A. Skigin 39or; Corbis 8u; Kentucky Horse Park 2, 12ol, 15Ml, 18or, 20M, 20ul, 22, 23ol, 23Mr, 23u, 24u, 28ol, 30M, 30ul, 31cr, 32or, 34or, 36u, 38u, 40ol; Martin Goymour, Suffolk Horse Society 16M, 29o, 29M, 29u; Mary Jean Gould-Early, www.fellpony.org 21; Mr. P. Russel Howell, The British Palomino Society 15M; Nicki Barfield vom Glenwestcastle Highland Pony Stud 1; The Irish Draught Horse Society, mit freundlicher Genehmigung von Stephen Frampton 26ur; Linda Skeets und Peter Dallow, www.clevelandbayendeavour.com 43ul; Linda Yutzy, Lonestar Dartmoors, mit freundlicher Genehmigung von Bob Langrish 18ol, 18u; Lipizzaner Society of Great Britain 30ol, 40u; Nancy E. Pearson 10cM; photos.com 6or, 7ur, 9or, 14ol, 16u, 24ol, 24Mr, 32M, 44u; Richard James, Carriage Driving Magazine 35o; Susan Eckholdt vom Equuleus Falabella Stud 18M; British Percheron Horse Society, mit freundlicher Genehmigung von Mrs. Linda V. Chapman 13u, 25o, 25M.

Il ustrationen: Claire Moore (www.cm-designmatters.co.uk) 7or, 7Ml, 7ul; Maggie Raynor 6Ml, 6Mr, 6Ml.